Date: 10/30/18

SP BR 421.1 PUC
Puchol, Maria,
LI II /

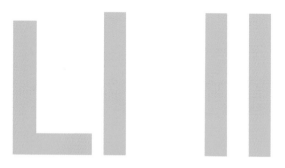

Ll ll

Maria Puchol

Abdo
EL ABECEDARIO
Kids

abdopublishing.com

Published by Abdo Kids, a division of ABDO, PO Box 398166, Minneapolis, Minnesota 55439.
Copyright © 2018 by Abdo Consulting Group, Inc. International copyrights reserved in all countries.
No part of this book may be reproduced in any form without written permission from the publisher.

Printed in the United States of America, North Mankato, Minnesota.

102017

012018

 THIS BOOK CONTAINS
RECYCLED MATERIALS

Photo Credits: iStock, Shutterstock

Production Contributors: Teddy Borth, Jennie Forsberg, Grace Hansen

Design Contributors: Christina Doffing, Candice Keimig, Dorothy Toth

Publisher's Cataloging in Publication Data

Names: Puchol, Maria, author.

Title: Ll ll / by Maria Puchol.

Description: Minneapolis, Minnesota : Abdo Kids, 2018. | Series: El abecedario |
        Includes online resource and index.

Identifiers: LCCN 2017941884 | ISBN 9781532103285 (lib.bdg.) | ISBN 9781532103889 (ebook)

Subjects: LCSH: Alphabet--Juvenile literature. | Spanish language materials--Juvenile literature. |
        Language arts--Juvenile literature.

Classification: DDC 461.1--dc23

LC record available at https://lccn.loc.gov/2017941884

Contenido

La Ll ll

Fran **ll**ega a la ca**ll**e con un came**ll**o.

4

La Ll ll

Adriana **ll**ama a Irene para cepi**ll**arle el cabe**ll**o a**ll**í.

6

La Ll ll

Hay millones de anillos en esa toalla.

La Ll ll

Luis rompe el ladrillo con el martillo amarillo.

La Ll ll

La familia de Eva **ll**eva bocadi**ll**os al casti**ll**o.

13

La Ll ll

Marieta está bel**ll**ísima con el **flequillo**.

La Ll ll

Gabriel **ll**ora porque no tiene el **ll**avero.

La Ll ll

Esther y Juan comen galletas en el sillón.

La Ll ll

¿Qué hay entre el cuerpo y la cabeza?

(el cuello)

Más palabras con **Ll ll**

llamas

paella

lluvia

lleno

Glosario

flequillo
parte del cabello que cae sobre
la frente.

llavero
accesorio para llevar llaves,
normalmente con una anilla.

Índice

abdokids.com

¡Usa este código para entrar en abdokids.com y tener acceso a juegos, arte, videos y mucho más!

Código Abdo Kids: EAK2998